바람이 불지 않을 때,
바람개비를 돌리는 방법은
내가 앞으로 달려 나가는 것이다

-데일 카네기(Dale Carnegie)

희망 연습

자서自序

'네가 말을 할 때에는 그 말이 침묵보다 나은 것이어야 한다.'
아라비아 속담입니다.

옛 가르침에서도 이처럼 지혜가 넘치는데, 쏟아지는 세상의 말글 위에 침묵하지 못하고 다시 또 한 마디를 보태는 우를 범하며 새 시집을 묶습니다.
숨 가쁜 나날들.
갈등하는 감정의 소용돌이 ㅡ.

천천히 읽으시라고 중간중간에 사진을 넣어 보았습니다만, 그저 작은 바람이 있다면 이 시들이 또 다른 잡석더미가 되어 소중한 사람들의 눈을 어지럽히지나 않았으면 좋겠습니다.

이천이십오 을사년, 봄날.

❈ 목차

1
향일암 만나기 · 10
겨울 여행에서 듣다 · 11
구룡포 찾아가기 · 12
봄날 함양 상림숲을 지나며 · 13
봄 숲으로 · 14
정이품송 알현 · 15

2
새해 아침 · 18
텃밭을 가꾸면서 · 19
희망 연습 · 1 · 20
희망 연습 · 2 · 21
따뜻한 저녁 – 라면을 끓이며 · 22
제주의 돌담 · 23

3
은행나무 소감所感 · 26
쥘부채 사연 · 27
꽃무릇과 고흐 생각 · 28
달개비꽃의 추억 · 29
자운영 엽서 · 30
고려산 진달래 · 31

4

꽃, 어머님의 날들	· 34
며느리밥풀꽃	· 35
능소화에게	· 36
이 몹쓸 춘정!	· 37
연인들의 성城	· 38

5

아직 태어나지 않은 너에게	· 40
이제 눈 맞춤할 너에게	· 41
단상斷想 3제	· 43
어느 묘비명墓碑銘	· 45
난독증	· 46

6

달밤 동행	· 48
어버이날	· 49
망형亡兄의 버킷리스트	· 50
혈육 · 1	· 51
혈육 · 2	· 52
어떤 날의 신앙고백	· 53

7

여자의 수다에 바치는 헌사獻辭	· 56
좌식 소변에 대한 항거	· 58
시대; 말의 광장	· 60
진짜 밥도둑은	· 62
참으로 두려운 것은	· 64

8

노안老眼이 주는 축복	· 66
벚나무로부터	· 67
어쩔 수 없네요	· 68
죽비가 된 돌	· 69
라싸로 가는 순례자	· 70

9

나 한갓 묻힌 돌이었을 때	· 72
겨울 지내기	· 73
12월, 송년회	· 74
이만하면 감사하지	· 75
건강검진에서	· 76

10

겨울산 여명黎明	· 78
겨울 숲에 텐트를 치다	· 79
시절 풍경	· 80
잘못된 소통	· 81
어느 살생에 대한 변명	· 82

11

고향 여담	· 84
북녘의 꽃제비에게	· 85
통일이 되면	· 87
우크라이나를 바라보며	· 89
꽃이실는지 나무이실는지	· 90

시집평설 - 이인평

삶을 소중하게 새긴 벽화들	· 92

하나/ 향일암 만나기

향일암 만나기

향일암은
굽이굽이 걸어가야 인연이 된다.
아예 돌산대교부터 파김치 되도록 걸어가든가
그게 아니면 죽포쯤에서 그 맛난 삼치회라도
한 접시 먹은 뒤,
고행의 몸 추슬러 산언덕 거북바위 위에 서면
그제사 풍경소리가 갈매기가 되고
갈매기는 풍경이 되어 펄럭이는 희한한 광경에
눈뜨게 된다.
향일암은
오래 묵힌 슬픔도 곱게 시주하는 곳.
모가지 뚝뚝 떨어진 동백꽃잎 하나 덮어
바람결에 곱게 풍장하고 돌아와야
인연이 된다.

겨울 여행에서 듣다

막 덤벼들 거라고
저항하리라고 다짐하며 떠났으나
원대리 자작나무 숲속
그 고요를 지나며 잠잠해졌다.
백두대간,
부석사 무량수전 앞에서
소백산맥의 넘쳐오는 무게를 바라보며
다시 침묵하였다.

바보 같으니라고,
이젠 정말 소리치며 번쩍이는 눈빛을
보여주리라 주먹을 쥐었으나
거돈사지居頓寺址의 폐허
말없이 천년을 지켜 온
석탑에 기대어 몸을 녹이고는
꿀 먹은 벙어리가 되어 돌아오고 말았다.
한심도 하지,
평생 이러니 쪼다 취급을 받고 사는 거야.

그러나 나의 이마는 내리―는 함박눈으로
편안해져 있었다.
눈이 쌓여 큰 나무들이
엄청나게 쓰러졌다는 소식 들리고.

구룡포 찾아가기

그곳의 돌길로 이어지는 작은 골목 끄트머리쯤의 이층집.
누님은 그 집에서 더부살이를 했다. 다다미 깔린 방이었
지 아마.
처음 본 전등알이 청어 눈깔처럼 반짝이고
얘 얘, 탕 안에서는 때 미는 거 아니야. 목소리 걸걸한
먼 친척 아저씨의 웃음에 부끄럽던 동그란 일본식 욕조의
기억.
몇 년 전 한때는 동백꽃 필 무렵이라는 연속극의 무대도
되었다네.
그래, 누님도 그때 거기서 동백꽃처럼 피어 있었지.
계절 따라 시들기도 했었지.
긴 방파제 끝 비린내 물씬 풍기는 낡은 등대를 찾아가면
소설 속 고래잡이 포수의 딸 민현을 만날 것도 같다.
어쩌면 흘러간 세월을 돌이키는 때늦은 사랑을 해 볼 것
만 같다.
아홉 마리 용이 승천하는 봄이 오면
아니 온몸이 얼어붙는 겨울이면 어떠랴, 구룡포인걸.

* 민현: 성석제의 <단 한 번의 연애> 속 여주인공

봄날 함양 상림숲을 지나며

콩 심은 데 콩 나듯
팥 심은 데 팥 나듯
나무 심어 장대한 숲 이루었네.
천년을 내어다 본 혜안,
고운孤雲 선생의 꿈을 좇아
시대의 아픔을 가려 준
느티나무 갈참나무 개서어나무.

길 아래 연꽃 못에
원앙새 암컷이 도도하게 물살 치면
수컷은 놓칠세라 헤엄쳐 가는
수채화 한 폭이 눈부시다.

그 옛날 신라 적에도
앞서며 뒤서며 부끄러이
나무 사이로 숨던 처녀 총각 있었거니.
숲에 의지하며
오붓한 삶을 가꾸었거니.
바람은 나무를 만들고 숲은 바람을
일으키어
다시 생명을 이루는 자연의 비밀,
서로서로 기대며 지켜 온 목숨들이
참 아름답네.

봄 숲으로

말이 그렇지, 봄날의
복사꽃 흐르는 시냇물을 따라간들
꿈같은 도원경 속으로
쓰윽 들어갈 수 있겠느냐마는

어느 휴일,
문득 들판 저쪽 너머
아지랑이 아른거리는 숲이 보이고
거기 홀린 듯 들어가 보자.
숨은 물줄기 찔레꽃 토끼풀 냉이며
뻘기들 손끝으로 쓰다듬어
큰 참나무 키 작은 생강나무
한 발 앞 나풀나풀 나비를 따르다가
머리칼은 가시넝쿨을 얹은 채
신발도 겉옷도 벗어 던지면
발아래 느껴지는 순결한 우주.
작은 생명들과의 푸른 잔치.

아득하게 잊었던
깨복쟁이 동무의 웃음이 들려오고
독하게 살자고 다짐하던 눈매가 순하게
스르르 풀어져 버리면
그래, 거기가 바로 별천지인 것.

정이품송 알현

천년 거북이와 그대는
켜켜이 묵힌 등껍질부터 닮았다지만,
오랜 목숨 넉넉한 등허리
그뿐 아니네.
학을 머리에 품어
학처럼 격조 있는 모습으로
먼발치에서부터
쉬 범접치 못하게 하다가
이마에 손대고 따라가 가까이 서면
따뜻이 품어주는 큰 어른
정이품송이여!

지난한 역사를 다 겪고도
어이 저리 깨끗할까.
그 긴 세월의 무게에도 저토록
기상이 펄펄할까.
그대 한쪽 어깨를 다치어
보는 이를 마음 아프게 하지만,
저기 어느 고을 산언덕에서 바람 맞으며
사자후獅子吼로 민족혼을 노래하는
정정한 선비인 양
혹은,
처음 보는 낯선 사람들이나
오래도록 그를 알고 지낸 지인들조차

참 잘 늙으셨네, 저 품격 있는 머리칼 보게.
이렇게 상찬받는 그대!
참말 아름다운 노년을 보이시네.

둘/ 새해 아침

새해 아침

햇살을 마주하고
손톱을 깎는다.
한껏 자란 발톱도 제거한다.
지난 한 해,
봄여름 가을 겨울 그 각각의
숭고한 계절을 살면서
얼마나 많은 변명을 해 가며
이 날카로운 무기로 이웃을
할퀴었던가.
작은 티끌도 다 보일 만큼
환히 밝아진 햇살 아래 앉아서
소리 없이 휘저었던
맹목의 뿌들,
가슴 속의 창날을 깎는다.

텃밭을 가꾸면서

당근이며 상추를 솎아내다가
막 자라다 뿌리 뽑힌 녀석들이 안쓰러워
고랑에 던져 버린 것들 다시 찾아와서
둔덕 귀퉁이에 심어 준다.
제법 괜찮은 놈도 버려져 있고
영 부실한 것도 있지만
누가 알랴.
다시 얻은 새 목숨
이제 비 오고 시간이 지나면
칭찬받던 놈들보다 더 튼실하게
세상 살아갈 줄을.
뽑히어 버려지는 아픔을 겪은 생명이
얼마나 더 단단해져 돌아오게 될는지
누가 알겠는가.

희망 연습 · 1

우리나라 유수의 대재벌의
대형 할인 매장 밑
위풍당당한 건물 앞에서
배추씨며 무씨며 올망졸망
온갖 꽃씨들을
어깨동무로 펼쳐놓고 팔고 있는
키 작은 사내,
다윗이 골리앗 넘보듯

겁도 없이
그는 웃고 있다
아니, 휘파람을 불고 있다
명절날 복주머니 모양으로 앉힌
자루 속에서는
까만 씨앗들이 흘러나와
보도블록 틈새마다
떡잎부터 알아본다는 바로 그 떡잎을
싱싱하게 피워내고 있다

사내의 어깨 너머로
'희망 연습'이라 쓴 카페의 네온 간판이
썩 잘 어울리는
아름다운 한판 승부다

희망 연습 · 2

사내는 청설모다

황량한 숲속
생명이 모두 움츠린 눈밭 위의
살갗 거칠어진 나무둥치를
청설모는 홀로 기어오른다
앙상한 떡갈나무 가지들을 건너고
볼품없는 털과 꼬리로 힘줄을 감추며
뛰고 또 뛰어
근육을 키운다

겨울잠을 자고 있는 자들은
결코 모르리라
언젠가는 다시 계절이 바뀌어
파란 잎들이 나부끼고
도토리며 알밤이 탐스럽게 아람 벌어질
그날을 바라보는 눈,
노래를 불러도 반향 없는 동토에서
청설모가 만드는 희망, 꿈속의 열매가
마침내는 창대하리라는 것을
아무도 모르리라

따뜻한 저녁 - 라면을 끓이며

모두가 외출한 뒤
혼자 앉아 라면을 끓여 먹다가
문득,
살아가면서 이처럼
라면으로 자리매김하는 것도 괜찮겠구나
싶어진다.
세상에 진수성찬처럼 존재하는 사람들,
웰빙의 삶에 도움 되는 인간관계 속에서
어쩌다 가끔 기억을 불러내어
입맛을 돋우어 주는
라면 같은 사람이 되는 것도
꽤 괜찮다는 생각이 든다.
찌그러진 양은 냄비나
세월의 때가 묻은 작은 솥을 꺼내어
그득히 넘치도록 삶아서
후루룩후루룩
소리 내며 먹는 포만감
김치 한 접시가 고명인 양 빛나는
그것을 먹으며
일찍이 내 옆에서 라면으로 먹히고 잊힌
따뜻했던 친구들을
돌이켜 보는 저녁이다.

제주의 돌담

흑돼지 등짝 닮은
널찍한 바위, 초옥 지붕 구멍바위며
성깔 뾰족한 바위들이 모여
서로 부딪히는 제주도 돌담
그 사이에 감귤만 한 작은 돌
몇몇이 끼워져 있다.
서로가 힘 자랑하는 틈새에서
고 자그마한 것들이
바람 잘 날 없는 집안의
효자 노릇을 하고 있다.
삐걱대는 어깨들 사이에다
머리를 집어넣고
해맑은 얼굴이 웃으며 마주 보니
세찬 바닷바람도 적당히 흘러가 주어
큰 돌들이 산다. 담장이 굳건하다.

셋/ 은행나무 소감

은행나무 소감所感

긴 시간을
아무도 모르게
소중하게 가꾸어 온 찬란한 잎과
금빛 가득한 열매를 흔들며
바람 속에서 속삭이는 너,

내 첫사랑도 그러했다.

하늘 맑은 날
눈부시게 다가와 손 내어밀더니
찬바람 못 이겨
끝내 그 바람 못 견디어서
눈물 우수수 쏟아버리고 돌아서는
너의 이별법,

내 첫사랑도 그러했다.

쥘부채 사연

작별의 선물로
그녀가 부채를 주었다.
가끔 기억해 달라며
바람을 건네주었다.
여름엔 설산 냉풍을,
겨울에는 또 사랑방 훈풍의
기억을 줄 것이라고
고운 글귀를 넣었다.
댓가지와 닥나무로 엮은
부채 속에
바람이 잠들어 있다는 건
실상 과학적 원리거니와
조용히 흔들어 보면
차곡차곡 깨어나는 것은
오히려 정갈한 마음!
이별을 뜻하는 손수건처럼
그렇게 아프지도 않아서
그녀와의 약속을 따라
한참의 세월이 흐른 뒤
가만히 바람을 밀어 보는
합죽 댓살에선
오색나비가 날아올랐다.

꽃무릇과 고흐 생각

하늘로 타오르는 붉은 횃불
거세게 밀려오는
꽃무릇의 저 해일을
격정의 고흐가 보았더라면
임파스토로
붉게 칠한 꽃밭에 파묻히어
순간, 깊이 안식하고 싶은
찬란한 유혹을 견디지 못했으리.
꽃무릇 꽃무릇
눈에 새겨 넣고,
그는 밀밭이 아니라 여기에서
가슴에 총을 쏘았으리라.
논두렁에서부터 불이 붙은
불갑사의 꽃무릇.

달개비꽃의 추억

덕수궁 돌담길 근처
음식점인가 카페였던가

나비를 닮은 파란 꽃이
그녀의 치마에서 조용히
흔들리고 있었다

사랑하지만…….
오래 기다릴 수는 없어

유월의 산길
풀숲을 지나니
오롯이 절제된 명도明度의
달개비꽃
가라앉은 목소리
다시 들리고

물살 일 듯
꽃무늬 창살 속의 깊은
쪽빛 몇 개가
발등을 덮고 있다

자운영 엽서

작은 생명들이 눈부시게 피는
강변길 따라
내 마음의 물살 되살아 흐를 때면
한 차례씩 무심히 다녀가는
그대여

사월의 끝자락
아직도 여린 핏줄 모두 뽑아
신열身熱의 따가운 숯불을 깔아 두렵니다
맨발로 그 불꽃 밟고 가십시오

나는 당신의 살이 타는 내음,
너른 들판 점점이 찍힌 사랑의 낙인을
오롯이 간직하며 살겠습니다

고려산 진달래

1.

산불 조심, 이라고 쓴 팻말이
참 우스워!
이미 산불은 저리
활활 타는데

바닷바람 타고
벌써 속눈썹
가슴 속까지 옮겨붙은
춘삼월의
꽃불.

2.

아마도
옛날 옛적
눈 까만 강화도 처녀가
남몰래 숨겼던
꼭두서니 빛 사랑의 보따리를
저 산비탈에 와서 터트렸을 거야.

오래도록 비밀로 간직한

쓰린 연정이 가여워서
산신령님은 또
저리도 지천으로 꽃을 피웠을 거고.

노루가 이슬 적셔 따먹던 꽃
남녘도 북녘도 함께 꺾던 참꽃
이제,
바싹 마른 마음들에
인화성 엄청난 산불이 되었네

넷/ 꽃, 어머님의 날들

꽃, 어머님의 날들

구순九旬이 가까우신 어머님
병원 복도에 걸린 노란 꽃 그림 밑을
지나칠 때마다 곱다 참 곱다
주문처럼 읊조리신다.
수선화를 아예 옥분이꽃이라 바꿔 부르신다.

퇴원하신 날,
벼룩이 이마만 한 수챗구멍 앞 화단에
수선화를 심으신다.
이제 여름 지나면 집 다 허물어 버릴 판인데
저런 쓸데없는 짓 한다는
아버님의 잔소리는 아예 뒷전으로 넘기고
옥분이 생전에, 그 애 생전에…
어찌나 이 꽃을 좋아했던지….
이파리에 묻은 흙만 자꾸 닦으신다.

꽃이,
그리운 이의 이름으로 치환되는
이 재개발 예정지의 작은 마당에서는
코로나 창궐도
존엄한 인간이 번호로 불리는 혼돈도
어림없다.

며느리밥풀꽃

귀먹어 삼 년
눈멀어 삼 년, 벙어리 되어 삼 년을
살아야 한다는 시집살이에
아직도 불호령이 무서워
풀숲에 숨은
키 작은 저 며느리 혓바닥의
하얀 밥풀 두 알
어쩌면 혓바닥도 아닌
겨우 입술 그 언저리쯤에
밥풀을 묻히고
매 맞아 죽은,
모가지가 길어서 더욱 서러운
서럽고 아픈
빨간 피의 유전遺傳

능소화에게

아무래도
저녁 노을빛을 닮은
네가 불길하다며
어떤 이들은 경고하지만
난 너를 보면
숙취로 힘들었던 다음 날에도
달려가고야 말았던
젊은 날의 사랑을 되새기게 되지.
생각만으로도
오래된 코냑 냄새가
온몸으로 스며들고,
네가 간직하고 있다는 독한 기운에
눈멀고 싶던 그런 유혹
금단의 열매
그토록 불순하고 아련한 흔적이
너에게 있어
잦아진 가슴의 피
다시 흐르게 되지.

이 몹쓸 춘정!

그랬었지.
이런 햇살 좋은 봄엔
높은 산의 양기를 받으러
거풍擧風을 가야 한다는 둥
짓궂은 농담도 즐거웠고
그 사랑 생각만으로도
아랫도리가 뜨거웠지만
어쩔까나.
무릎은 점점 낮아지고
산은 더 높아만 지니
흘러가는 세월,
봄이 온들 어쩔까나.
개울 타고 오르는 풀내음에
코가 꿰여서
쥘부채 슬며시 뽑아들고
사랑가 한 자락을 더듬어 본다.
새 생명들이 꿈틀대는 텃밭에 서서
초록 바람도 들이켜 본다.
그래, 그렇게
시작해야 하는 거야.
마음이 먼저 일어서야 하는 거야.
앞산의 실루엣이 인자하다.

연인들의 성城

사랑하는 연인들은
모두가 비밀스런 성 하나씩을
가지고 살아간다
봄 풀 속에 깃든 꽃망울처럼
하얀 눈송이 속에 숨은 결정처럼
그 성 안에다
작은 길목을 만들고 집을 만들고
선한 미소 그득한 방 하나씩을
마련한다
그리고, 반짝이는 유리창이
바람에 흔들릴 때마다
사랑의 고리로 굳게 묶는다

다섯/ 아직 태어나지 않은 너에게

아직 태어나지 않은 너에게

네가 태어나는 날에는 햇살이 반짝였으면 좋겠다.
바람도 살랑살랑 불었으면 좋겠다.
겨울이라면 눈이 오면 더 기쁘겠다.
그러나 비가 오면, 또 구름이 햇살을 가린들
네 조그만 뺨에 내 얼굴을 부비어 보는 그 기쁜 날에
무슨 흠이 되겠니.
네 이름은 감사.
네 이름은 사랑.
네 이름은 축복.

너는 비옥한 땅의 나무처럼 자꾸 자라서
풀잎에도 감길 보드라운 목소리로 나를 부를 것이고
나는 물소리 바람 소리 속에 소곤대는 네 목소리의
가장 작은 음역까지도 다 들려서
하회탈 같은 턱을 추켜들고 오냐 오냐 대답할 것이고
손주 자랑 값으로 이웃과 친구들에게 점심 한턱내어도
엄청 흐뭇할 것이기에
서녘 하늘 붉은 노을을 지고 바삐 집으로 올 것이다.

이제 눈 맞춤할 너에게

얘야.
어제는 비바람이 몰아치더니
지금은 환한 햇살이 따사롭기만 하구나.
그래, 오늘은 이런 세상의 이치를
네게 알려 주마.
이 땅에 어린싹 깨어나게 하고
과실을 풍성히 익게 하는 건
고마운 햇볕이어도
저 산바람과 사나운 태풍이
들과 바다를 한바탕 휘저어야
만물은 서로 맺어지고
온갖 생명을 키우게 되는 거야.

그러기에 미워하고 싫어하기 전에
먼저 속을 헤아려 볼 줄 알아야 한단다.

우리가 사는 이곳엔
밝은 빛이 있으면 또 그 단짝인
어둠이 따르지.
말하자면, 책상 위에 있는 작은 칼은
아주 고마운 물건이지만
어떤 때는 날카로운 도구가 되어
예쁜 네 손가락을 다치게 할 수도 있는
바로 그런 일들 말이다.

그러나,
모르는 것들이라고 두려워 말아라.
잘 살피고 조금만 천천히 행동하면
다 알아차릴 수 있는 것이란다.

그리고 얘야.
저 하늘의 반짝이는 별,
봄여름 가을 겨울을 함께 지내는
이 땅의 꽃과 새들, 흐르는 시냇물은
정말 신비로움으로 가득하지.
네가 자라고 자라서
이들의 이야기에 귀 기울일 줄 알면
너의 마음은 길 건너 학교 운동장만큼이나
넓어지게 될 거야.

그저 좋은 친구들과 손을 맞잡고
눈을 맑게 씻으며 또 멋진 꿈도 꾸면서
그렇구나 그렇구나
자주 고개를 끄덕여 주면 된단다.

단상斷想 3제

우산

잠잠히 있어야 할 때와
긴 팔 펴서 품어야 할 때를 아는
너의 경세經世가 놀랍구나.
때를 기다리는 태공망의 낚싯대여.

대나무 마디

치솟다 오히려 꺾일까
스스로 쉬어가는 템플스테이,
혹은 멈추어 깊어지는 영성의 수도원

야생화 군락

산비탈에 앉아
바람 따라 일제히 손 흔드니
종합경기장의 스텐드다.

이 악물고 달려가는
세상의 모든 꼴찌를 향해
뜨겁게 연대連帶하는 마음을 보라.

어느 묘비명墓碑銘

한평생 꽃을 찾아다녔고
여한 없이 즐긴 사람
이곳에 잠들다
- 꽃이 못된 아내가

비석 앞을 지나가던 이들이
고개를 갸우뚱하며 깊은 생각에 빠진다.
설왕설래 논쟁도 벌인다.
도대체 저 꽃은 어느 꽃인가.

난독증

그날 왜 그랬을까.

누구는 점 하나를 잘못 찍어 수십억
재산을 날렸다지만,
그날은 왜
사양합니다를 사랑합니다로 오독하여
그토록 엄청난 사태를 불러 왔을까.

여섯/ 달밤 동행

달밤 동행

아버지는 혼자 이 길을 걸으셨다.
풀이 우거진, 낯선 돌들이 발끝에 차이는
언덕길이었다.
어머니를 여의시고는 더욱 외롭게 고개를
넘으셨다.
이제 아들은 내게 묻는다.
아버지는 어찌 이런 두메산골에 사셨나요?
그때는 자전거도 없었나요?
아들아, 그땐 길 밝혀주는 달마저 베어 먹고 싶던
시절이었지. 네 할아버지 아버지의 등뼈가 곧
자전거였단다.

달은 휘영청 그대로인데, 흰 적삼 눈 시리던
목화밭은 이제 없다.

어버이날

엄마 엄마, 울 엄마야.
생전에 못 달아 드린
분홍 꽃 한 송이
시린 가슴에 꽂아 보네.

살아생전 못 사드린
붉은 고기 몇 점
눈 감고 씹어 보네.

늙지도 않는 울 엄마야.

망형亡兄의 버킷리스트

인자 꽃철 되머는……
어디메 놀러 한번 가보자
한 삼백만 원이믄 충분할끼다
우리 칠 남매 마카 모여서 한번…….

대학병원의 진료 대기실에서 누님과
나의 손을 잡고
흔들리는 몸을 가누며 말하던,
그로부터 꼭 열흘 뒤 그는 하늘로 갔다.
나는 자주 삼백만 원으로 갈 수 있을 그
어디메를 가위눌리듯 생각하였다.

사방 1킬로미터의 읍내 장터를
게걸음으로 평생 돌고 돌던 작은형의
그곳은 어디쯤이었을까.
하늘처럼 높았을 삼백만 원을
선뜻 입 밖으로 내놓은 버킷리스트는
잠깐의 눈물이 흘러도 닿을 수 있는
거기 잡풀 우거진 공원묘지였을까.

목마름으로 잠을 뒤척이는 밤에는
우르르 우르르
자꾸 귓속에서 산사태가 일었다.

혈육 · 1

고향을 지키던
앉은뱅이 소나무 셋
허리 꼬부라진 채로 올라왔다.
이렇게만 살지 말자고 힘들게
찾아와서
푸른 이끼 잔뜩 묻은
북쪽의 나무에게 안부를 묻는다.
지난 세월 태풍이 얼마나 모질었는지
나뭇가지는 무사한지
서로의 솔잎에 이슬 몇 방울 떨군 뒤
마주 보고 웃는다.

혈육 · 2

평생 타국의
비바람에 젖다가
마침내 고개 떨구었다는
새벽 부음.

살 속 깊이 박히는 추억들을
남겨두고 사라지네.
밤하늘 불꽃처럼
희뿌연 연기만 남기고
사라지네.

삶이란 게 참 그렇고
목숨이란 게 정말 그렇네만,

늘 꼿꼿했던 사람
인동초꽃 피운 생이었다고
엎드려 올리는
감사의 기도.

어떤 날의 신앙고백

어떤 날에는
성경보다 명징하게
작은 벌새의 날갯짓, 이슬 맺힌 들꽃에서
하나님을 본다.
이른 봄 찔레의 새순에서,
추녀 끝 두드리는 빗방울이 모여
흘러가는 개울
그리고 마침내 닿는 바다를 생각하다가
그분을 생각한다.
어떤 날에는
억겁의 시간, 무한대의 우주…….
머리에 쥐가 나도록 계산해야 하는 과학보다
바람 부는 언덕에 앉아
밤하늘에 반짝이는 별을 바라볼 때
내 손을 잡은 절대자의 따뜻한 맥박을
느끼게 된다.
빨갛게 언 손을 흔들며 달려오던 작은 아이가
어느새 수염 거뭇한 청년이 되어
왜소한 내 어깨에 목도리를 얹어 주던 날,
그분 사랑의 지고한 비밀을
수백 개의 말씀으로 받는 것보다 더
절절히 깨닫게 된다.

일곱/ 여자의 수다에 바치는 헌사

여자의 수다에 바치는 헌사獻辭

아, 저 무한의 능력
아무리 사소하고 하찮은 소문일지라도
그녀들의 혀끝에서는
장강대하의 이야기로 바뀌고 풀어져
역사와 시간을 넘고 세계를 넘나든다.
저들에게 허용된 천부적 재능은
눈부시나니,
지금까지의 인류사에 그 어느 석학이
문화 예술 사회에서 정치까지
저리 간단하고 정리된 언술로 강의했으랴.
그 누가 일상의 작은 소재로 저토록
끝없는 웃음과 열정, 날카로운 비웃음을
두세 명의 연기자와 더불어
지치지도 않고 열연할 수 있으리.
때로는 관중도 없는 방안에서
홀로이 전화기를 붙잡고,
이즈음에는 핸드폰의 모든 기능을 휘어잡고
까르륵대다가, 어머 어머 놀래다가
마침내는 분노의 절정에서 돌연 감탄으로
돌이키는 유연한 변신.
한 시간이 넘도록 다정하고 열정적인
대화를 퍼붓다가, 얘! 우리 자세한 이야기는
만나서 하자라며 끝맺음한다는
저 놀라운 여운과 마무리.

침묵은 금이라는 고고한 격언쯤은
펄떡이는 언어의 칼로 베어버리고
삶의 온갖 찌꺼기를 쓸어내는
촌철살인의 비기를 가진 강호 고수에게
어느 허접한 사내가 감히 덤벼들어
쓰라린 상처를 남기고 가리.

좌식 소변에 대한 항거

집안 화장실 변기에서 오줌이 튀겨
냄새가 엄청나니까
이제부터는 모두 앉아서 볼일 보라는
아내의 엄중한 통고.

이건 사실 작은 일이 아니다.
태곳적부터 이어 온
위대한 관습을 향한 테러,
정신적 거세去勢다.
부족 간의 그 엄청난 싸움 뒤에도,
멧돼지와 사슴을 힘겹게 사냥한 뒤에도
한껏 내어 갈긴
수컷들의 승리의 표식.

그러나 이제는
직장에서도 거리에서도
싸움 한번 제대로 못하고
날개조차 푸드덕거려 보지 못한
이 시대의 사내들.
귀소歸巢의 둥지에 모여서도 조용히
쥐 죽은 듯이 소변을 보아야 하는

풀 죽은 세상의 남자들아, 아들들아.
다시 제기하노니

그냥 이대로
예전처럼 그냥 콸콸콸 소리 나게
오줌을 갈기자꾸나.
주눅 든 하루를 오줌의 홍수로 떠내려 보내고
그렇게 볼일을 마치고 나면
조금은 위로가 되는 저녁이 되리니

이건 정말
냄새와 위생의 문제가 아니다.

시대; 말의 광장

많은 말들이
가을 낙엽처럼 휩쓸리며 쏟아져 나왔다.
길가의 벤치와 술집에서, 건물에서
도로에서 시장에서 바람을 타고 나왔다.
그리고는 광장에 터를 잡았다.

시간이 지나면서
풍향을 따라 나약한 말들은 밀려나고,
혈기가 왕성한 소리들이
점차 진화되고 힘을 불려 나갔다.
마침내 광장이 범람하고
어두운 물 위로
아름다운 나무와 꽃들이 떠내려갔다.
이제 코로나 팬데믹이 아니라도
소심한 사람들은 그곳에서
마스크를 벗기가 두려워졌다.
벗어 버리려 해도 살가죽에 붙어버렸다.

밤이 되고
잠들지 못하는 사람들의 머리 위로
화살이 카톡- 소리를 내며 날았다.
분노가 남은 어떤 이는
그 화살의 끝에다 불을 달았다.
그러나 사람들은 알고 있었다.

거친 물살 거슬러 회귀하는 연어처럼,
강물에 흘러간 나직하지만 정직한 말들이
때가 되면
결국 광장으로 돌아오리라는 것을.

진짜 밥도둑은

뒷산 등산길에 접어드는
한적한 도로
언젠가부터 턱하니 배짱 좋게
음식점 광고 현수막 하나가 걸려 있었다.
풍광을 헤치는 불법 게시물이다.
이러면 안 되지,
뭐 이런 얌체가 다 있나 그래.
구청이든가 어디에다 신고를 해야지
맘먹은 여러 번의
어느 저녁 무렵 하산길.
'코다리 밥도둑집'이란 그 현수막 밑에
한 왜소한 사내가 쪼그려 앉아
담배를 피우고 있었다.
이제는 때 묻은 그 현수막을 손질하며
마치 이게 내 밥줄이라는 시늉으로
자꾸 매만지고 있었다.
휑해진 가슴으로 바람이 지나갔다.
헛기침을 하니 그가 돌아보았다.
세파에 찌든 얼굴과 거친 손.
다시 한번 쓸쓸한 바람이 스쳐 갔다.
나는 그 상호商號를 기억해 두겠다는 듯
옆으로 가서 일부러 중얼대며 읽어 주었다.
쳐다보는 그의 눈길이 따뜻해졌다.
둑길을 지나 거리로 내려오니

길 여기저기에 정치 현수막이 요란하게
걸려 있었다.
밥걱정 없는 밥도둑들의
당당히 허가받은 싸움터였다.

참으로 두려운 것은

과학 만능의 이 시대에선
유전자 조작으로 만들어진
복제 양이 애완용으로 귀염을 받고
고양이 머리 달린 개가 짖고 다녀도
참을 수 있을 것 같다.
영혼이 없는 꽃나무가
칭찬과 꾸중에 반응하고
감정이 무딘 돼지가 면도날처럼 날카로운
정서로 사방을 빽빽거리며
돌아다녀도 놀라지 않을 것 같다.
그러나 오히려 견딜 수 없는 것은,
아니 진정으로 두려운 것은
눈물 없는 인간이 눈물을 만들어
하소연하고
웃음없는 인간이 웃음을 뽑아내어
부처님보다 선한 얼굴로
사랑을 사기 치는 일이다.

여덟/ 노안이 주는 축복

노안老眼이 주는 축복

저 너머 앞집의 대문에 벚꽃이 만개해 있다.
아름다웠지만,
이 겨울에 웬 꽃 대궐이냐 싶어
안경을 쓰고 다시 보니 빈 나뭇가지 사이로
점점이 흰 벽이 섞여 만든 착시다.
며칠 전에는 건너다보이는 어느 집 담장이
비원의 담벼락인 듯 품격이 대단하여
다시 눈 비비고 보니
아스팔트와 목책의 경계선에 비친
환영幻影이었다.

어슴푸레 보게 되니 모두가 아름답다.
달무리처럼 은은하게 웃는 모습,
반짝이는 별의 얼굴이다.
그냥 흐린 눈으로, 적당히 뿌연 눈으로 보며
살아가기를 연습해야겠다.
괜히 용을 쓰고 안경 닦으며 요란 떨 필요도,
돋보기 들이대며 살 일도 아니라 싶다.

벚나무로부터

요 며칠 사이
나뭇가지가 한결 허전하다.
언제나 흐린 눈을 일깨우는 건
창 너머로 바라다보이는
한 그루 벚나무.
봄날 연초록 이파리가 소년의 꿈처럼
풋풋하더니,
그러고는 하이얀 꽃으로
어둠까지 밝히더니
어느새 청춘의 무성한 잎은
형용할 수 없이 고운 색깔의 수채화로
당당히 한 해의 삶을 정리하고 있다.
때가 되면
그토록 칭송받던 것 모두
미련 없이 내려놓아야 한다는 가르침.
아쉬워해 봐도, 아까워할 이유도 없는
한 시절의 영광들.
바람 속에서 익어 온 결실이
마침내는 바람 불어 나무 아래 떨어져
제자리로 돌아가는 섭리를 따라
다 그렇다, 다 그래야 한다며
온몸으로 순응하는 가르침이
저 나무로부터 온다.

어쩔 수 없네요

자동차를 수리하러 갔다.
- 고칠 곳이 여러 군데네요.
엄청 험하게 타셨네.
하긴 연식이 꽤 되었으니.
대충 고쳐드릴 테니 걍 타시다가
버리세요.

오늘은 치과에 갔다.
- 아이구, 손 봐야 할 곳이
한두 곳이 아니네.
하긴 연세가 있으시니
다들 그래요. 할 수 없지요, 뭐.
그러려니 하고 치료해 가며 사세요.

죽비가 된 돌

모두가 스쳐 간 뒤
이삭줍기로 뒤지고 뒤져 마음에 꼭 드는
돌 하나를 주웠다.

잘 보면 쌍봉의 낙타등이거나
멀리 벌판 끝 산등성이 솟아오른
평원석이라고 환호하였지만,
그러나 얼마 뒤에는 실망하여
길가에 던져 버린다.
물기 빠져나가 바싹 마르고 나니
아무리 닦아보고 뒤태를 꾸며보아도
이끼 묻은 잡석이거나
그냥 뾰족한 돌부리일 뿐이었던 것.

햇살 바른 강 언덕에 앉아
돌에 긁힌 두 손을 바라본다.
세상을 살면서 얼마나 많은 욕심으로
이처럼의 허상을 쓰다듬으며 살아왔을까.
얼마나 큰 오해로
몽돌보다 못한 것들을 차지하느라고
생애를 소비하였던가.

구름이 스러지는 늦은 오후,
자갈밭에서 건져 온 작은 돌 하나
죽비가 되어
어깨를 두드리고 사라졌다.

라싸로 가는 순례자

영원으로 가는 길
엎드리고 엎드리며 일어서고 일어서며
설산을 넘고 침푸계곡을 향해
빙판 위로 돌 자갈길 위로 기어가는
순례자들의 핏빛 열정
무엇이냐 도대체 저렇게 인간의 육신과 영혼을
어릴 적 동네 마당의 똥다마 구슬처럼 굴리는
신은 도대체 누구냐
가죽 앞치마 다 헤어지고 손과 이마가 부르터도
멈출 줄 모른다
보잘것없는 떡 한 조각 감사히 먹으며
구르고 또 구르는 기계가 되어
하염없이 굴러가는 4차원의 신념
저 아픔의 희열
설산을 넘어 허리 굽히고 또 굽혀 기어가는
오체투지五體投地의 끝
그들이 이백여 일 만에 바라볼 조캉사원의
금빛 불상 뒤에는
따뜻한 위로라도 있을까
아름다운 내세를 엿볼 수 있을까
푸르딩딩한 인간 자벌레가 되어
허리 굽히고 하염없이 나아가는 티베트의 영혼,
윤회의 의지가 눈꽃 위에 맺힌다

아홉/ 나 한갓 묻힌 돌이었을 때

나 한갓 묻힌 돌이었을 때

오랜 시간 강변의 흙 속에서
묻혀 있던 돌일 때
내 마음이 곧 돌밭일 때

어느 날 그대
발로 툭툭 차거나 뾰족한 괭이로
나를 깨워 이렇게 좌대 위에 세웠다
그리하여 돌이 아닌 존재의 이름으로
나를 세웠다

내 사랑이여
이 오롯한 생애가 지난 뒤
애틋함도 부서지고 녹아서
그대 마침내 흙이 되고
나 또한 새로운 티끌로 흩어져
당신의 무릎을 만드는 모래를 이루면,
우리는 다시 영원으로 이어가는
한 점 청석靑石이 되어
만날 것인가

겨울 지내기

이제는
뜨겁지 않은 불이 되어
초가집 구들목처럼 따스한
아내의 등에 귀 대어 보면

바람이 술렁일 때가 있다.
서늘한 물소리가 들릴 때도 있다.

긴 세월을
도마인 양 칼질 당하며 견뎌 온
이 아픈 등 뒤에서,

그대의 젖은 손이 애처롭다는
흘러간 어느 가수의 노래를
흥얼대는데

당신 목청도 이젠 한물갔네.
한창때는
여름 참매미 같더니-.

픽 웃으며
서로의 주름살을 세어 보는
삼동의 한밤.

12월, 송년회

연말이 가까워오면
사람들은 등불을 켜고 이웃을 찾는다.
그동안 보지 못한 자신의 얼굴을
타인의 거울에 비추어 보면서
급히 달리느라 다듬지 못한
땀내 찌든 머리카락을 나이테로 확인한다.
한겨울 설원을 떠돌던 늑대인 양
목청껏 울부짖다가
얼음 서걱대는 살갗을 서로 비벼댄다.
자랑스럽지도
그렇다고 부끄럽지도 않은,
생존을 위해 길러온 뾰족한 손톱 발톱
한 해 동안 참아 온 허기와
시시각각의 외로움을 서로가 위로받는
소도蘇塗.
이 잠깐의 도피처에서 새해에는
싱싱한 새살이 돋아나기를 기대하며
크고 작은 상처를 꺼내어
빨간 요오드 용액을 바른다.

이만하면 감사하지

머리를 감으니
우수수
잔 머리카락이 욕조 바닥에
비 맞은 가을 낙엽처럼 붙는다.
그래도 고맙다, 오랜 세월을
잘 버텨 주었다.
두보는 나이 사십 여세에 이미
비녀 꽂을 머리칼이 없었다지
않던가.
나쁜 놈 보면 아직 욕할 기운 남았고
좋은 사람 보면 손잡고 싶다.
맛집이라는 소문에 솔깃하고
산책 후 돌아오는 옷깃에 스민
여린 풀 내음
골목길의 빵 굽는 냄새
강 너머 노을이 곱다.

건강검진에서

여러 기능이 경계선이란다.
이름도 예쁜 콩팥은 벌써 그 선을 도도히 넘었고
앞으로의 생활이 중요하다며 젊은 의사는 충고한다.

T·V 속에선 선남선녀 춤추고 노래하며 먹고 깔깔대는
평화로운 세상인데
이웃의 속삭임에도, 길거리의 목소리에도
나는 가시철망 앞 초병哨兵인 양 조심스럽게 걸어왔다.
말의 경계선!
관계의 경계선!
이념의 경계선!
그저 작고 희미한 주변인으로 살아온
나의 눈앞에 이제 또
얼마나 새롭고 낯선 경계선이 매복하여 있을까.

열/ 겨울산 여명

겨울산 여명黎明

함박눈이 밤새 내리더니
뿌연 여명 속
앞산이 눈부시다

언제나 어렵고 두려운
새해의 새벽길

저쪽 하늘 어디쯤에서는
내 살아온 생애가
눈밭 위 발자국처럼 찍힌다는데

이렇게 걸어 걸어 흘러간
내 그림자가
십자가 못 자국처럼 선명히도
찍힌다는데

아직도 새벽,
세상을 바라보지 못해
감은 눈 속으로 눈은 펄펄 내리고

삶의 무게인 양
꼿꼿이 얼어붙은 머리카락 끝에는
설화가 난만히 피어오른다

겨울 숲에 텐트를 치다

이때쯤이면
누구나 혼자이다.
움츠린 나무들도 한두 발짝씩은
모두 혼자이다.
그토록 칭송받던 풍성한 잎을
다 떨군 뒤
찾아오던 새, 작은 벌레도 떠나가고
눈이 내린다.
때 묻고 가난한 등줄기가
순백의 자작나무로 탈바꿈하는
요술의 숲을 바라보면
비로소 살아나는 잠언들,
침묵에서 오는 깨달음
– 외로움은 지혜를 기르나니.
노래하던 매미도 없이
말 없는 말로 가르치는
겨울 숲은
쌓이는 눈 속에서 더
따뜻해진다.

시절 풍경

왕은 당당하고 자랑스러운
개 걸음으로
길 가운데를 걷고
그 뒤를 시종이 까만 봉지를 들고서
왕이 시원하게 뒤를 본 그것을
훔치고 담으며 뒤따른다.
이른바 현대판 매화틀, 똥 봉투다.
행여라도 그 임무에 소홀했다간
크게 곤욕을 치르겠지만
시종은, 시종 부부는
즐겁고도 감사한 표정이다.
저쪽에선 보드라운 강보에 싸인
아기 멍멍이의 행차가 온다.
역시 왕손인가 보다.
화창한 봄날의 공원 풍경.

잘못된 소통

서울 노총각이 열차 옆자리에서
경상도 대구의 고운 처녀를 만났다.
우물쭈물 이런저런 궁리를 하다가
이제 내릴 때가 다 되어
마침내 용기를 내었다.
저- 좀- 다시 만날 수 있겠습니까?
처녀는 얼굴이 발갛게 되어,
-언제예~.
이게 웬 행운이냐 싶은 총각,
다음 달 아니 바로 다음 주 일요일
지금 시간에 만납시다.
얼굴이 더욱 빨개진 처녀는
부끄러운 듯 고개를 숙이며,
-어데예~.
기차는 목적지에 닿았다.
서울 사나이는 황급히 말을 던지고
기차에서 내렸다.
서울역 큰 시계 밑에서요.

다음 주 그날 그 시간,
꽃단장에 멋지게 빼어 입은 총각이
서울역 파발마 밑에서 손을 호호 불며
처녀를 애타게 기다리고 있었지만
끝내 아무도 오지 않았다.

* -언제예. -어데예. 모두 거절이나 부정의 대구 사투리임

어느 살생에 대한 변명

난 내 작업이 정당방위라고 봐.
애초 너희들이 건방진 짓을 했지 뭐.
깨끗하던 우리 집 쓰레기통에
훨훨 자유롭게 날아든 것이 잘못이고
허락이라도 받은 양 들락날락하며
음식물을 탐한 것도 주제넘은 짓이잖아?
그래서 궁리하던 끝에 이 전기 파리채를 샀어.
테니스 라켓같이 생긴 이것 말이야.
손잡이에 달린 빨간 버튼을 누르고
싸-악 휘두르면
뿌직 타다닥 살이 타는 소리와
짧은 전기 스파크,
허공중에 깨끗이 순삭이 되지.
요샌 가끔 한 번씩 휘둘러.
고압 철조망에 걸린 옛적 어느 수용소의
사람들이 연상되어 좀 꺼림칙할 때도 있고,
그리고 너희 파리들의 파리 목숨을 생각하면
조금 짠하기도 하지만
그래도 어쨌거나 내 행위는 정당해.
갑질이라고 해도 어쩔 수 없어.

* 순삭: 순간 삭제, 순식간에 사라지게 한다는 뜻.

열하나/ 고향 여담

고향 여담

어릴 적 소꿉친구가
살고 있다길래 찾아갔다.
두메산골이 변했다.
추억의 구석에서
동네처럼 늙고 허물어진 그를 만났다.
그의 눈길은 내가 들고 간 술병에만
머물러 있었다.
목화가 하얗게 핀 뒷산 길,
제 큰집 심부름으로 가져가는 조청 그릇
손가락으로 맛나게 찍어 먹던
야속한 녀석.
내 눈길은 온통 거기만 쏠려 있었지.
끝내 자기 혼자만 냠냠 먹었지.
차라리 꿀단지나 하나 사 올 걸 그랬나,
문득 피식 웃음이 났다.

북녘의 꽃제비에게

식탁 위 남겨진 음식을 바라보면
미안해.
정말 미안해.

유통기한이 지난
우유를 쏟아버리고 돌아설 때,
음식물 쓰레기통 속에 버려진
멀쩡한 감자 고구마들을
들여다보게 될 때
감자 한 알로 사흘을 버텼다는
너의 얼굴이 자꾸 생각나.
뒤엉켜 떡진 머리
앙상한 가슴 퀭한 너의 눈이
자꾸 나타나.

코리아에서 멀리 날아간 탤런트가
먹지 못해 뼈만 남은
아프리카 어린이를 안고
안타까운 마음으로 도움을 청하는
TV의 영상.
몇 걸음 안 되는 철조망 너머
우리 핏줄 어린 목숨들도
저리 굶주려 사위어 가고

얼어붙은 네 손
가슴에 품어주지 못해 미안해.
다 해어진 신발 속 핏물 어린 네 발
녹여 주지 못해서
그저 미안해.

통일이 되면
―북한 산하 여행

어느 여름 하루
삼지연 그 넓은 삼림 속으로
놀러 갔다가
길을 잃고 헤매면서도
가슴은
자꾸 벅차오를지도 모르지
젊은이들은
기차를 타고 그냥 쭉
시베리아를 거쳐
우랄산맥을 향해 끝없이
가고 있을지도 모르지
우리같이 나이 든 축들은
삼수갑산엘 가서
김소월이 노래한
십오 년 정분의 그 사내를
추억해 볼지도 몰라
무엇보다도
개성 기와집 골목을 지나
송악산 기슭 어디 어디에 있다는
황진이 묘 찾아가면
청초는 아직 우거졌을까
백호가 뿌린 술 한 잔의 향내
풍겨나고 있을까
공연히 핸드폰 끄집어내어

어이, 난데 말이야
이 친구 지금 뭐 하는가?
여기 개성집 막걸리 맛 끝내 주어
이렇게 호기를 부리고 있을지도 모르지
통일의 어느 날
토요일 오후에

우크라이나를 바라보며

하나님은 가끔
큰 기둥 뒤에서 얼굴만 빼꼼
내어 미실 때가 있다.
아예 옷자락 끝만 살짝
보이실 때가 있다.
요즘에는 술래잡기 놀이가
재미있으신지
못 찾겠다 꾀꼬리를 외쳐도
완전히 숨어 버리신다.
세상은 온통 총알이 날고 피가 튀고
권총 찬 깡패는 키득 키득.
나는 무섭기도 하고
슬며시 화가 난다.
하나님!
자꾸 그러시면 술래잡기 안 할래요.
우크라이나의 동쪽 하늘은
시방도 붉은데.

꽃이실는지 나무이실는지
−박희진 선생님 영전에

꽃은 피어서
떨어집니다

작은 꽃이든 큰 꽃이든
제 얼굴에 맞게
한세상 아름답게
피었다가 집니다

그러면, 당신은
어떤 꽃이었습니까

나무는
좀 더 오래 삽니다

살면서 그 나이테를
겹겹이 두르고
우리와 함께 살다가

어떤 것은 조금 빨리
어떤 것은 좀 더 오래

날숨 들숨으로
세상을 맑게 해 주다가
마침내 고사목이 됩니다

그러면, 당신은
어떤 나무였습니까

모르겠습니다
이 어처구니없이
찬란한 아침,
아직도 모르겠습니다

수연 선생님, 당신은
해마다 새로 피는
꽃이신가요

옹이마다 송진 박히어
수천 년 썩지 않을
노송이신가요

❋ 최상호 시집 『희망 연습』 평설

삶을 소중하게 새긴 벽화들

이인평 시인(한국가톨릭문인협회 이사장)

　최상호의 시편들은 외연을 강둑 삼아 내면 깊이 흐르는 강물을 바라보게 한다. 시의 기능으로 최대한 끌어올릴 수 있는 역량을 기울였던 인정 깊은 물살을 만날 때마다 그의 마음의 울림이 저절로 안겨들기 때문이다.
　좋은 시는 언제나 독자에게 자연스럽게 파고드는 울림의 격을 지닌다. 중량의 무게감을 지닌 최상호의 시어들은 이미 인생의 온갖 어려움을 견뎌온 관록 안에서 파도처럼 출렁이는 달관의 묘미를 저절로 느끼게 해준다. 읽으면 읽을수록 주어진 삶을 치열하게 넘어선 초연한 심상을 그대로 바라보게 한다.
　이는 곧 시인이 자신의 진실을 기반으로 한, 인간적인 방향으로 파고들어 천착하게 만든 소중한 나이테를 지니고 있다는 것을 말해준다. 한 생애를 이끌고 가는 삶의 애환 깊은 사연들이 그의 심금을 떨리게 만든 현장감을 느끼게 하기 때문이다.
　이번 시집 글머리에 '바람이 불지 않을 때, 바람개비를 돌리는 방법은 내가 앞으로 달려 나가는 것이다'라는 데일 카네기의 말을 적시했듯이 작품집 주제로 삼은 『희망 연습』이라는 과정이란 얼마나 치열한 것인가를 실감하게 한다. '내가 앞으로 달려 나가야'만 했던 시간이란 내가 살아야만 이룰 수 있는 매우 긍정적이고 적극적인 의지를 가리킨다.
 달리 시를 쓰지 않을 수 없었던 자기의 삶이 어떤 여정이었으며 그 깊이와 무게가 어떠했는지를 예측하게 해주는 까닭이다. '희망'을 붙들고 늘어지지 않고는 살아낼 수 없는 삶의 고비들이 있었고, 그러한 삶을 몸소 겪었을 뿐만 아니라 가족이나 형제들의 아린 상황을 맞닥뜨릴 때마다 느끼지 않을 수 없었던 간절한 희망의 순간들을 놓치지 않고 바라본 시선이 행간에 머물고 있기 때문이다.
 시는 언제나 문자를 넘어선 심상을 그려준다. 언어로 표시되기 전에 가슴을 울려주는 내면의 떨림을 거스를 수 없는 태반에서 잉태했기에 그렇다. 최상호의 시편들이 화자가 지닌 시심의 한복판에서 뜨겁게 태어난 것은 그의 삶의 과정이 사람들과 사물들의 본질과 함께 어우러져 호흡했던 정감으로서 아주 자연스럽게 한 몸처럼 인식되었다는 뜻이다. 그가 아니고는 포착할 수 없는 고유성과 그의 시어로 표현될 수밖에 없는 독창성을 아우르고 있기 때문이다.
 그도 그럴 것이 그의 시편들을 거듭 읽는 동안 나도 모르게 거기에 공감되는 흐름에 따라 무엇을 빼거나 보탤 수 없는 그의 초연한 달관에 사로잡히지 않을 수 없었다. 공감의 영역에서 일어난 진실의 반응이기 때문이다. 그런 의미에서 함께 시를 쓰는 도반으로서 마치 벽화를 해독하는 것처럼, 부족하나마 그의 시 몇 편을 감상하는 시간을 갖고자 한다.

 향일암은,
 굽이굽이 걸어가야 인연이 된다.
 아예 돌산대교부터 파김치 되도록 걸어가든가

그게 아니면 죽포쯤에서 그 맛난 삼치회라도
한 접시 먹은 뒤,
고행의 몸 추슬러 산언덕 거북바위 위에 서면
그제사 풍경소리가 갈매기가 되고
갈매기는 풍경이 되어 펄럭이는 희한한 광경에
눈뜨게 된다.
향일암은,
오래 묵힌 슬픔도 곱게 시주하는 곳.
모가지 뚝뚝 떨어진 동백꽃잎 하나 덮어
바람결에 곱게 풍장하고 돌아와야
인연이 된다.
―「향일암 만나기」전문

　담담하게 관조하는 자세가 일품이다. 여수 돌산도에 있는 향일암은 해돋이로 이름난 곳이다. 이 시에서 향일암은 화자가 살아온 인생 여정을 축약한 의미를 깨닫게 한다. 해를 바라보는 암자라는 상징에서 알 수 있듯, 해를 바라본다는 것은 곧 빛을 보는 것으로서 빛이 곧 희망이 되는 연결 선상에 놓여 있다. 빛을 찾아가서 빛을 만나는 중심에 향일암을 놓아둔 것이다. 그러므로 향일암을 찾아가는 행위는 삶의 목표를 찾아가는 여정이며 향일암을 만나는 것은 희망을 이루는 것이 된다.
　돌산대교에서 향일암까지 약 30여 킬로미터를 가는 여정을 통해 화자가 살아온 여정이 녹아있다. "향일암은,/ 굽이굽이 걸어가야 인연이 된다"는 것은 향일암을 다녀온 뒤의 말이다. 인생을 살아온 경험을 되돌아본 말이기도 하다. 굽이굽이 살아오다 보니 그 삶의 인연의 깊이를 알게 되었다는 진실의 무게를 지닌 것이다. 체험된 삶을 통해 진실에

다다른 울림을 굽이굽이 새긴 의도를 함의하고 있는 까닭이다.

"아예 돌산대교부터 파김치 되도록 걸어가든가/ 그게 아니면 죽포쯤에서 그 맛난 삼치회라도/ 한 접시 먹은 뒤"라는 것은 마치 젊은 시절에 도전해 볼 만한 패기와 열정을 반영해 주고 있다. 만남과 인연의 깊이를 지니기 위해 모험과 도전을 예사롭지 않게 감행할 용기가 서려 있다. 그럴 수도 있고 그렇게 해 볼 수도 있는 인생의 젊음을 생각하면 그렇게 살아왔던 과거의 회상을 통해 어떤 구도적인 희망을 향한 발걸음을 수긍하게 된다. 한편 그렇게 살 수 있었던 추억은 또 얼마나 아름다운가!

그러나 인생은 항상 가까스로 어딘가에 닿는다. 쉽게만 여길 수 없는 운명이 자기 앞에 놓여 있기에 만만치 않은 것이다. "고행의 몸 추슬러 산언덕 거북바위 위에 서면/ 그제사 풍경소리가 갈매기가 되고/ 갈매기는 풍경이 되어 펄럭이는 희한한 광경에/ 눈뜨게 되"기 때문이다. '고행의 몸 추스르'는 사이가 얼마나 먼 여정인지를 생각하게 한다. 지치도록 걸어온 여정을 단번에 건너뛰는 시어의 속도감 속에는 일일이 말할 수 없는 온갖 기억들이 주마등처럼 스쳐 간다.

어쩌면 "그제사 풍경소리가 갈매기가 되고/ 갈매기는 풍경이 되어 펄럭이는 희한한 광경에/ 눈뜨게 되"기까지 이토록 '희한한 광경에 눈뜬' 상황에 이르러서는 모든 것이 기쁨과 희망의 성취를 통해 고난이 사그라든 여정의 가치를 지니기 때문이다. 목적지에 다다르고 보면 지나온 삶의 아픔들도 잠깐 스쳐 지나간 한순간처럼 느껴진다. 그러므로 여기에서 '희한한 광경'은 곧 '황홀한 풍경'이며 마침내 바라보는 '신비로운 세계'일 수도 있다. 인생 여정을 다 마치고 바라보게 될 불멸의 빛과 환희에 대한 희망적인 암시로 드러난 대목이다.

  인생은 늘 어딘가에 귀결되는 삶을 사는 중이다. 그 여정 안에서 화자가 그려준 벽화의 선묘들은 어느새 미래를 향한 색채감을 두르고 나타난다. 현실 너머 미리 마주 보는 염원의 비경을 의미 깊게 그려가는 필선에 따라 경험적 고백을 듣게 한다. "향일암은,/ 오래 묵힌 슬픔도 곱게 시주하는 곳./ 모가지 뚝뚝 떨어진 동백꽃잎 하나 덮어/ 바람결에 곱게 풍장하고 돌아와야/ 인연이 된다."

  이 시편의 종장에 해당하는 대목에서 우리는 '오래 묵힌 슬픔', '뚝뚝 떨어진 동백꽃잎'과 '풍장'을 보게 된 다음 다시 '인연'을 만난다. 향일암을 만나는 일이 엄청난 인연으로 변화되기까지, '오래 묵힌 슬픔'을 시주하게 되고 '뚝뚝 떨어진 동백꽃잎'을 풍장하듯 나를 풍장하고 나서야 마침내 희망의 빛을 바라보게 되고 이루게 된다는 메시지이자 고백이다. 그렇게 되고자 했고 그렇게 되어야 하는 '빛'과 '바다'로 펼쳐진 이상적인 풍광을 그려가며 화자가 시에 담아둔, 깨달음을 통한 삶의 진경으로 드러난 화폭이다. 이런 삶을 그리기까지 그는 얼마나 많은 고비를 인내해 왔을까?

    막 덤벼들 거라고
    저항하리라고 다짐하며 떠났으나
    원대리 자작나무 숲속
    그 고요를 지나며 잠잠해졌다.
    백두대간,
    부석사 무량수전 앞에서
    소백산맥의 넘쳐오는 무게를 바라보며
    다시 침묵하였다.

바보 같으니라고,
이젠 정말 소리치며 번쩍이는 눈빛을
보여주리라 주먹을 쥐었으나
거돈사지居頓寺址의 폐허
말없이 천년을 지켜 온
석탑에 기대어 몸을 녹이고는
꿀 먹은 벙어리가 되어 돌아오고 말았다.
―「겨울 여행에서 듣다」 1, 2연

 무언가 참기 힘든 상황이 바탕에 깔려 있다. 그에게 주먹을 움켜쥐게 만든 것은 무엇이었을까? 가정사든 정치의 영역이든 아니면 밥벌이를 포함한 일반사든 마음을 내내 괴롭게 하는 상황에서 '원대리 자작나무 숲'과 '부석사 무량수전'을 찾았고, '거돈사지 폐허'를 바라보고 있다. 인간이 현명하다는 것은 주어진 고난을 지혜롭게 극복하는 일일 것이다. 마음을 다치지 않게 다스리는 영물이 인간인 것을 보면, 참으로 많은 고난을 극복하는 사람일수록 위대하게 보일 수밖에 없다. 그렇기에 자연과 종교가 보여주는 침묵의 세계는 그 자체로 가르침이자 위안이 되는 것이다.
 자신이 바라보는 대상을 통하여 내적 고뇌를 다스리는 과정이 진솔하여 아무나 그렇게 할 수 없는 진지함과 사려 깊은 통찰력을 배우게 한다. 교육계에 헌신해온 사람만큼이나 스승다운 결기를 지녔기에 능동적인 자기 수련을 보여주고 있다. 시인과 시가 한 몸으로 드러나는 것은 곧 자신이 지닌 단점이나 장점에 거리낌을 갖지 않고 순수해진 언어의 내력이 있는 법이다. '원대리 자작나무 숲'과 '부석사 무량수전'과 '거돈사지 폐허'를 차례로 둘러보는 동안 화자는 대상과의 거리에서 비교된 문제의식 앞에서 점점 초연해지는 침묵의 깨달음을 얻고 있기 때문이다.
 자연의 장엄함과 종교의 숭고함 앞에 있는 인간으로서 겸허해지는 깊이를 통해 '고요를 지나며 잠잠해'지고, '소백산맥의 넘쳐오는 무게를 바라보며/ 다시 침묵하'게 되고, '말 없이 천년을 지켜 온/ 석탑에 기대어 몸을 녹이'게 되어, 마침내 '꿀 먹은 벙어리가 되어 돌아오'게 되었으니, 마치 스펀지가 물을 빨아들이듯 평정심을 되찾아 채우고 있다. 삶을 통해 시를 쓰고 시를 통해 삶을 다스리는 시혼의 감성적 경지에서 나온 결기를 엿보게 한다.
 자연의 광활한 아름다움에 비해, 종교적 숭고한 진리의 가르침에 비해 한 인간이 얼마나 나약한가를 깨닫는 것은 오히려 인간의 내면은 물론 시 의식을 지지해 주고 가치관을 성립해주는 자각의 동력이라 할 수 있다. 결국 시와 시인은 끊임없는 반성과 통회의 과정을 통해 가시적인 세계와 비가시적인 세계를 인식한 깊이를 지니게 되는 만큼, 화자의 이번 여행은 곧 자신을 다스리면서 구도자의 자세를 가다듬는 정결성을 보여주고 있다.
 마음이 괴롭고 힘들 때, 스트레스로 피로해질 때 어디론가 훌쩍 떠나고 싶어지는 동기가 부여된 기회를 통해 이 한 편의 시처럼 다시 새롭게 태어나는 것이야말로 인간의 내적 본능이 반응하는 깨우침에 귀를 기울이는 일신의 자세가 아닐까 생각한다.
 시는 마침내 스승인가? 자신을 깊이 성찰하는 한 시인의 기록을 통해 마음을 아프게 하는 것들을 오히려 껴안고 가는, 자연성과 종교성의 매개적 역할을 견인해주는 시의 가치를 깨닫게 한다. 그것은 마치 아래 시처럼 동심의 경지를 지니게 한다.

말이 그렇지, 봄날의
복사꽃 흐르는 시냇물을 따라간들
꿈같은 도원경 속으로
쓰윽 들어갈 수 있겠느냐마는

어느 휴일,
문득 들판 저쪽 너머
아지랑이 아른거리는 숲이 보이고
거기 홀린 듯 들어가 보자.
숨은 물줄기 찔레꽃 토끼풀 냉이며
삘기를 손끝으로 쓰다듬어
큰 참나무 키 작은 생강나무
한 발 앞 나풀나풀 나비를 따르다가
머리칼은 가시넝쿨을 얹은 채
신발도 겉옷도 벗어 던지면
발아래 느껴지는 순결한 우주.
작은 생명들과의 푸른 잔치.

아득하게 잊었던
깨복쟁이 동무의 웃음이 들려오고
독하게 살자고 다짐하던 눈매가 순하게
스르르 풀어져 버리면
그래, 거기가 바로 별천지인 것.
-「봄 숲으로」전문

지금 화자는 이 시를 통해 그야말로 무릉도원을 그리고 있다. "말이 그렇지, 봄날의/ 복사꽃 흐르는 시냇물을 따라간들/ 꿈같은 도원경 속으로/ 쓰윽 들어갈 수 있겠느냐마는" 하면서도 이미 무릉도원에 들어와 있다. 무릉도원보다 더 기막힌 풍경 속이다. 평생 볼 수도 없는 도원이거나 꿈속에서나 볼까 말까 하는 도원이 아니라 이 땅의 봄날 어디서나 볼 수 있는 도원이다. 천국을 하늘에서 찾지 않고 땅에서 찾아낸 것처럼 장차 이루어질 것을 지금 이루어진 곳에서 발견해 보여주고 말해주는 시편이다. 늘 바라던 꿈속 같은 세계가 바로 눈앞에 있다고 말한다.

그렇다. 내가 사는 곳이 천국인데 어디 가서 천국을 찾겠다고 하는가? 시인의 눈에 보이는 무릉도원이 동심에 자리 잡고 있는데 어른들은 그것도 모르다니! 그러므로 세상의 주인은 동심을 지닌 자의 소유가 아니겠는가? 어른이나 아이나 동심을 잃어버리면 그곳이 바로 탐욕에 사로잡힌 각박한 지옥이요 근심 걱정이 끊이지 않는 고통이다. 끊임없이 이끌려가고 매몰되어 가는 시대적 갈등에서 벗어나는 묘수의 길이 곧 동심을 회복하는 일 아니겠는가?

"아득하게 잊었던/ 깨복쟁이 동무의 웃음이 들려오고/ 독하게 살자고 다짐하던 눈매가 순하게/ 스르르 풀어져 버리면/ 그래, 거기가 바로 별천지인 것"을 말해주는 시인이 있어 다행이다. 살기 바빠 눈앞이 캄캄한 청맹과니들에게 동심을 열어 보여주니, 이것이 곧 예수님의 말씀이요 부처님의 미소다. "어느 휴일,/ 문득 들판 저쪽 너머"만 바라보아도 "아지랑이 아른거리는 숲이 보이"는데 "거기 홀린 듯 들어가 보자"고 말하지 않는가. 동심이란 그렇게 시인이 그렇다는 곳으로 들어갈 줄 아는 단순한 마음이다.

자신도 모르게 어느새 냉혹해지고 딱딱해지고 차가워진 나머지 동심의 순수한 마음이 사라져버린 사람들의 슬픔을 우회적으로 표현하여 다시 어릴 적 추억을 꺼내 보여주는 시인이야말로 역설적으로 볼 때, 동심을 사는 반항아인지

모른다. 시인이란 사실 세상의 온갖 비인간적인 정서에 맞
선 반항아이기도 하기 때문이다. 그런 면에서 속물들이 잃
어버린 무릉도원에서 시인은 살고 있다. 온갖 욕심쟁이들이
버린 무릉도원을 차지한 시인들 말이다.
 "숨은 물줄기 찔레꽃 토끼풀 냉이며/ 삘기들 손끝으로 쓰
다듬어/ 큰 참나무 키 작은 생강나무/ 한 발 앞 나풀나풀 나
비를 따르다가/ 머리칼은 가시넝쿨을 얹은 채"로 단순하게
살면서 자연의 숨결 따라 기분 내키는 대로 순박하게 "신발
도 겉옷도 벗어 던지면/ 발아래 느껴지는 순결한 우주" 속
에서 "작은 생명들과의 푸른 잔치"에 더불어 어울린 모습은
상상만 해도 절로 흥겨워진다. 그렇게 한번 살아보고 싶어
서 불철주야 아등바등 산 것도 아닌 세월이 덧없고 허망하
다. "독하게 살자고 다짐하던 눈매가 순하게/ 스르르 풀어
져 버리"지 않고는 돌아갈 수 없는 무릉도원이다. "아득하
게 잊었던/ 깨복쟁이 동무의 웃음이 들려오"지 않고는 나가
서 만날 수 없는 무릉도원이다. 나는 지금 어디에 있는 것
일까?

우리나라 유수의 대재벌의
대형 할인 매장 밑
위풍당당한 건물 앞에서
배추씨며 무씨며 올망졸망
온갖 꽃씨들을
어깨동무로 펼쳐놓고 팔고 있는
키 작은 사내,
다윗이 골리앗 넘보듯

겁도 없이

그는 웃고 있다
아니, 휘파람을 불고 있다
명절날 복주머니 모양으로 앉힌
자루 속에서는
까만 씨앗들이 흘러나와
보도블록 틈새마다
떡잎부터 알아본다는 바로 그 떡잎을
싱싱하게 피워내고 있다

사내의 어깨 너머로
'희망 연습'이라 쓴 카페의 네온 간판이
썩 잘 어울리는
아름다운 한판 승부다

- 「희망 연습 · 1」 전문

    세상에서 부자를 이길 가난은 없다. 하지만 반대로 가난한 자유를 따를 부자 또한 없으리라 생각한다. 어떤 면에서 가난한 사람의 희망은 꼭 부자가 되는 것만도 아니다. 왜냐하면 부자를 꿈꾸기에는 가난이 주는 느긋함을 잃을 수도 있기 때문이다. 여기에서 인생은 가난과 부의 타협점이 생길 수 있다. 어느 정도에서 부유함이 오히려 사람을 힘들게 하고, 가난이 오히려 사람을 여유롭게 하는가의 분기점이 있을 것이다. 그것은 각자가 생각하는 각도에 따라, 자신이 처한 상황에 따라 부와 가난의 척도를 가늠하게 하는 까닭이다. 가진 것이 없어도 행복할 수가 있으며, 많이 가졌다고 해도 불행할 수가 있고, 부와 가난의 대립적인 면에서 '다윗이 골리앗 넘보듯' '아름다운 한판 승부'도 있기 때문이다.

이 시에서는 삶의 가치를 어디에 맞추고 있는지를 아는 것이 중요하다. 화자가 바라보는 시각에 의해서 희망이 어떻게 싹을 틔우고 겁도 없이 웃을 수 있는지의 당위성 같은 것을 묘파하고 있으니까. 달리 말하면 눈에 들어온 현상을 포착할 당시에 화자가 생각한 부와 가난이 대비된 가치가 독자에게 전달되었을 때, 유기적으로 이루어진 사회적 연대감에 의해서 가난 속에서 희망이 싹트고 있다는 것을 알아차리게 하기 때문이다.

"우리나라 유수의 대재벌의/ 대형 할인 매장 밑/ 위풍당당한 건물 앞에서/ 배추씨며 무씨며 올망졸망/ 온갖 꽃씨들을/ 어깨동무로 펼쳐놓고 팔고 있는/ 키 작은 사내"는 이미 배추씨, 무씨, 꽃씨만 가지고도 대재벌들 못지않게 여유롭게 "휘파람을 불고 있"는 중이다. 희망의 가치, 행복의 가치로 볼 때, 재벌들이 쉽게 따를 수 없는 낙천적인 경지가 아닐 수 없다. 더구나 "명절날 복주머니 모양으로 앉힌/ 자루 속에서는/ 까만 씨앗들이 흘러나와/ 보도블록 틈새마다/ 떡잎부터 알아본다는 바로 그 떡잎을/ 싱싱하게 피워내고 있"으니, 복주머니에 들어있는 씨앗처럼 복을 누리고 있는 팔자라는 것을 은근히 암시해주고 있다.

게다가 "떡잎부터 알아본다는 바로 그 떡잎을/ 싱싱하게 피워내고 있"는 것으로 보아 이미 그 싱싱하게 피워내는 떡잎 같은 희망을 지닌 복이라는 것을 알게 한다. 재벌들의 "위풍당당한 건물 앞에서" 겁도 없고 부러워할 것도 없는 즐겁고 행복한 표정을 지녔으니, 시인의 연금술에 의한 삶의 가치가 참으로 희망적인 풍경으로 묘사되고 있다. 시인에 의해서 희망과 행복에 안긴 삶의 표정이 드러난 것이며, 그러한 사내를 함께 인정해주고 있는, "사내의 어깨 너머로/ '희망 연습'이라 쓴 카페의 네온 간판이/ 썩 잘 어울리는" 절묘한 화법이 그 사내에게 더욱 희망을 북돋아 주고 있다. 더불어 이 시를 읽는 당신도 이미 희망 속에서 행복을 누리는 중이다. 한편 화자는 희망을 싹틔웠던 옛 기억을 소환하기도 한다.

아버지는 혼자 이 길을 걸으셨다.
풀이 우거진, 날선 돌들이 발끝에 차이는
언덕길이었다.
어머니를 여의시고는 더욱 외롭게 고개를
넘으셨다.
이제 아들은 내게 묻는다.
아버지는 어찌 이런 두메산골에 사셨나요?
그때는 자전거도 없었나요?
아들아, 그땐 길 밝혀주는 달마저 베어 먹고 싶던
시절이었지. 네 할아버지 아버지의 등뼈가 곧
자전거였단다.

달은 휘영청 그대로인데, 흰 적삼 눈 시리던
목화밭은 이제 없다.
-「달밤 동행」 전문

"달마저 베어 먹고 싶던/ 시절"이었으면 얼마나 살기가 힘들었겠는가? 얼마나 희망이 간절했으며, 얼마나 많은 고비를 견뎌야만 했겠는가? 성경 말씀처럼 희망은 결코 부끄러운 것은 아니지만 가난은 어디까지나 어려운 처지를 견디고 극복해야 하는 안타까움을 갖게 한다. 그러나 가난은 인간에 대한 애정을 갖게 하고 함께 어려운 이웃을 이해하고 배려하게 한다. 그러기에 가난한 사람들은 서로 삶의 정을 나누며 서로의 형편을 존중하고 나누는 아량을 지니고 산다. 그래서 가난은 추억도 깊다. 아버지와 나와 자녀들에게 대물림이 되지 않기 위해 성실하고 알뜰하게 살게 한다. "달은 휘영청 그대로인데, 흰 적삼 눈 시리던/ 목화밭은 이제 없"어도 "날선 돌들이 발끝에 차이는/ 언덕길" 같은 세상은 여전히 있기 때문이다.

"어머니를 여의시고는 더욱 외롭게 고개를/ 넘으셨"던 아버지를 따라 여전히 삶의 언덕을 오를지라도, "아버지는 어찌 이런 두메산골에 사셨나요?"라고 묻는 아들을 위해서도 추억은 간직하되 희망의 끈은 언제나 고삐처럼 쥐고 있다. "그때는 자전거도 없었나요?" 묻는 아들에게 "네 할아버지와 아버지의 등뼈가 곧/ 자전거였단다"라고 대답한 심정 속에는 아버지와 아들 사이를 이어주는 화자의 회상이 "흰 적삼 눈 시리던/ 목화밭"처럼 눈에 선하다.

비록 운명적이라 해도 가난은 결코 부끄럽지 않은 까닭이다. 가난의 터전에서 싹튼 희망으로 살아온 세월이 아리고 슬픈 추억을 환하게 떠올려줌으로써 이 시가 태어났다는 것만으로도 가난은 이토록 순수한 가치를 절절히 지니고 있다. 아버지처럼 혼자 길을 걸을지라도 지울 수 없는 가난의 정감으로 말미암아 화자의 인생의 가치, 시의 가치는 이렇게 눈부시기 때문이다. '아버지와 나의 등뼈로 만든 자전거'를 타고 가는 아들이 있으니 이 또한 행복하지 않은가!

구순九旬이 가까우신 어머님
병원 복도에 걸린 노란 꽃 그림 밑을
지나칠 때마다 곱다 참 곱다
주문처럼 읊조리신다.
수선화를 아예 옥분이꽃이라 바꿔 부르신다.

퇴원하신 날,
벼룩이 이마만 한 수챗구멍 앞 화단에
수선화를 심으신다.
이제 여름 지나면 집 다 허물어 버릴 판인데
저런 쓸데없는 짓 한다는
아버님의 잔소리는 아예 뒷전으로 넘기고
옥분이 생전에, 그 애 생전에…
어찌나 이 꽃을 좋아했던지….
이파리에 묻은 흙만 자꾸 닦으신다.

꽃이,
그리운 이의 이름으로 치환되는
이 재개발 예정지의 작은 마당에서는
코로나 창궐도
존엄한 인간이 번호로 불리는 혼돈도
어림없다.
　　　　　-「꽃, 어머님의 날들」전문

이 시의 핵심은 '옥분이꽃'이다. '수선화'라 적어놓고 '옥분이꽃'으로 읽을 수밖에 없는 어머님의 날들이 마음 깊이 아리다. 옥분이를 상기시켜주는 수선화 그림 속에 어머님의 아픔이 자꾸 어리고 있다. 옥분이가 무슨 일로 언제 어떻게 떠났는지는 몰라도 어머님의 가슴속엔 여전히 옥분이가 아프게 살고 있다. 세상엔 혈육을 가슴에 묻어둔 애환보다 더 애절한 일도 없을 것이다. 지금 몸이 아파 병원에 입원해 있는 어머니의 가슴에서 옥분이가 함께 아픈 상태다. 구순 九旬에 이르도록 지워지지 않는 아픔이다.
퇴원하자마자 어머니는 수선화를 심는 게 아니라 옥분이

를 심고 있다. 이내 재개발로 철거될 집인데도 그보다 더 급한 것이 옥분이를 만나는 일이다. 수선화 그림에서 더욱 그리워진 옥분이를 잊을 수 없어 남편이 뭐라 해도 귀에 들리지 않는다. 옥분이를 데려온 듯 수선화는 피어 어머님의 마음을 위안해 줄 것이다. 옥분이가 얼마나 좋아했던 꽃인가! 마침내 핏줄의 그리움으로 나타날 수선화는 어머니와 마주 볼 것이다. 옥분이를 그리듯 수선화를 아낄 수밖에 없는 혈육의 뜨거운 슬픔을 느끼지 않을 수 없다.

"꽃이,/ 그리운 이의 이름으로 치환되는/ 이 재개발 예정지의 작은 마당에서는/ 코로나 창궐도/ 존엄한 인간이 번호로 불리는 혼돈도/ 어림없"을 정도로 어머니에게 수선화 그림과 옥분이는 이제 하나로 완성된 그림이 되었다. 곧 죽는 일이 있을지라도 어찌 잊을 수 있겠는가? 자나 깨나 떠오르는 사별의 안타까운 사연을 통해 그리운 이를 가슴에 묻은 심정이야말로 비껴갈 수 없는 지극한 슬픔을 전해주는 그림이 되고 있다.

이 시에서의 '옥분이'와 '어머님'의 관계를 필자는 모른다. 딸인지 아니면 자매 관계인지도 알 수 없다. 그러나 시를 통해 화자가 가족을 쓰든, 이웃을 쓰든 그것은 이미 읽는 이의 가족이자 이웃이 되어 함께 공감하고 함께 안쓰러워할 심정이 된다. 알고 보면 세상에 옥분이가 얼마나 많으며 옥분이를 그리워하는 어머니 또한 그만큼 깊숙이 아픔과 추억을 쓰다듬고 있지 아니하던가? 이 시를 쓰면서 마음이 아렸을 화자 또한 수선화처럼 손이 떨렸을 것이다. 수선화 이파리에 묻은 흙을 닦아주던 어머니의 손처럼 안타까웠을 것이다.

인자 꽃철 되머는……

어디메 놀러 한번 가보자
한 삼백만 원이믄 충분할끼다
우리 칠 남매 마카 모여서 한번…….

대학병원의 진료 대기실에서 누님과
나의 손을 잡고
흔들리는 몸을 가누며 말하던,
그로부터 꼭 열흘 뒤 그는 하늘로 갔다.
나는 자주 삼백만 원으로 갈 수 있을 그
어디메를 가위눌리듯 생각하였다.

사방 1킬로미터의 읍내 장터를
게걸음으로 평생 돌고 돌던 작은형의
그곳은 어디쯤이었을까.
하늘처럼 높았을 삼백만 원을
선뜻 입 밖으로 내놓은 버킷리스트는
잠깐의 눈물이 흘러도 닿을 수 있는
거기 잡풀 우거진 공원묘지였을까.

목마름으로 잠을 뒤척이는 밤에는
우르르 우르르
자꾸 귓속에서 산사태가 일었다.

-「망형亡兄의 버킷리스트」 전문

애절한 그림을 한 번 더 본다. 시로 그리지 않으면 안 될 그림이다. 화자만이 쓸 수 있는 고백 같은 그림이다. 지금 그의 형이 이 시를 함께 들여다보는 것만 같다. '삼백만 원'을 들여서라도 용기 내어 어디론가 나들이를 가고 싶은 형.

동생들과 함께 봄꽃처럼 화사하게 다녀오고 싶은 표정이 소슬하다. 고달픈 삶으로 인해 미루고 미루어 두었던 형제자매들과의 기쁜 시간을 보내고 싶은 소망이 역연하다. 아, 그러나 그는 동생들과 여행을 떠나기에 앞서 세상을 먼저 떠났다. "어디메 놀러 한번 가보"고 싶었던 곳이 뜻밖에 저세상이라니!

"사방 1킬로미터의 읍내 장터를/ 게걸음으로 평생 돌고 돌던 작은형의/ 그곳은 어디쯤이었을까." 동생들과 한번 잊지 못할 추억을 만들고 싶었는데 끝내 이루지 못한 슬픔이 시의 전반을 눈물처럼 흐른다. 눈물이란 달리 우리의 아픔을 치유해 주는 명약이기도 하다. 슬픔으로 기억된 삶의 애환들은 못내 이루어지지 않았던 아쉬움 속에 저장되어 있다. 형이 간절히 원했던 마지막 버킷리스트는 이제 먼 훗날 다시 만나 이룰 일이 되었다. 칠 남매가 모두 모여서 다녀올 곳이 남아있기 때문이다. "하늘처럼 높았을 삼백만 원을/ 선뜻 입 밖으로 내놓은 버킷리스트는/ 잠깐의 눈물이 흘러도 닿을 수 있는/ 거기 잡풀 우거진 공원묘지였을까."

어쩌면 이루지 못했던 안타까운 약속을 지키려고 가까운 곳에서 형제자매들을 기다리고 있을지도 모른다. 이 역시 삶과 죽음을 넘어선 희망으로 간직되어 있다. 이루어지지 않았던 희망으로 남아있는 한 아쉬움의 여운이 사라지지 않기 때문이다. 아쉬움이 클수록 그리움도 커지는 인연의 특성으로 볼 때, 「망형亡兄의 버킷리스트」는 세상의 인간관계 전반으로 확장되고 있다. 각박한 세상을 살다 보면 막상 피를 나눈 형제들과도 그럴싸한 곳으로의 나들이 한번 가기가 어려운 사람들의 아픈 처지를 말해주고 있기 때문이다.

누구에게는 별것도 아닌 그 삼백만 원이 누군가에게는 희망 목록에 넣어야 할 정도로 큰 꿈이란 사실, 그리고 차일

피일 미루는 사이에 어느덧 한 생애가 끝나가는 세월의 허망함을 새삼 실감하게 된다. 어쩔 수 없는 불가항력의 죽음 앞에서 형제자매들과 함께 즐거운 시간을 갖고 싶었던 심정이 이 시의 핵심이지만, 그로 인해 핏줄의 우애를 돌아보면서 함께 아쉬움을 갖게 하는 것도 이 시의 여운이라고 할 수 있다.

"인자 꽃철 되머는……/ 어디메 놀러 한번 가보자/ 한 삼백만 원이믄 충분할끼다"는 화자의 형의 목소리가 환청같이 들려온다. "목마름으로 잠을 뒤척이는 밤에는/ 우르르 우르르/ 자꾸 귓속에서 산사태가 일"듯 되울려 온다. "대학병원의 진료 대기실에서 누님과/ 나의 손을 잡고/ 흔들리는 몸을 가누며 말하던,/ 그로부터 꼭 열흘 뒤 그는 하늘로 갔다./ 나는 자주 삼백만 원으로 갈 수 있을 그/ 어디메를 가위눌리듯 생각하였다."는 화자의 심정에서 형의 소리가 들려온다. 그 소리를 들으며 아래의 시를 천천히 읽어본다.

요 며칠 사이
나뭇가지가 한결 허전하다.
언제나 흐린 눈을 일깨우는 건
창 너머로 바라다보이는
한 그루 벗나무.
봄날 연초록 이파리가 소년의 꿈처럼
풋풋하더니,
그러고는 하이얀 꽃으로
어둠까지 밝히더니
어느새 청춘의 무성한 잎은
형용할 수 없이 고운 색깔의 수채화로
당당히 한 해의 삶을 정리하고 있다.

때가 되면
그토록 칭송받던 것 모두
미련 없이 내려놓아야 한다는 가르침.
아쉬워해 봐도, 아까워할 이유도 없는
한 시절의 영광들.
바람 속에서 익어 온 결실이
마침내는 바람 불어 나무 아래 떨어져
제자리로 돌아가는 섭리를 따라
다 그렇다, 다 그래야 한다며
온몸으로 순응하는 가르침이
저 나무로부터 온다.
-「벚나무로부터」 전문

한세상의 온갖 풍파를 겪어온 화자는 이제 칠순에 이르러 집 창밖에 있는 한 그루 벚나무를 바라보고 있다. 회상의 언덕 너머에서 되비쳐 왔던 삶의 여정과 시어로 드러난 천착의 시간들이 나무의 나이테처럼 굵어진 무게로 다가온다. 어쩌면 지금까지 살아온 삶의 감회가 이 한 그루 벚나무의 가르침에 비유되고 있으니 말이다. 사철 변화하는 벚나무의 모습을 바라보며 인생을 반추하는 고요한 시행 속에 점묘법처럼 드러난 그림들을 떠올려주는 풍경이 연상되기도 한다.
"어느새 청춘의 무성한 잎은/ 형용할 수 없이 고운 색깔의 수채화로/ 당당히 한 해의 삶을 정리하고 있"다는 것은 달리 자기의 모습에 대한 은유다. "연초록 이파리가 소년의 꿈처럼 풋풋"했던 시절을 지나 희망을 잃지 않고 줄기차게 살아왔던 희로애락의 세월이 차분히 수채화로 물들어 있다. "아쉬워해 봐도, 아까워할 이유도 없는/ 한 시절의 영광들"이지만, 돌아보면 파란만장한 인생 코스를 달려온 것이기에 삶의 의미로 가득 차 있다. "온몸으로 순응하는 가르침이/ 저 나무로부터 온다"는 깊은 깨달음의 언어는 곧 이제껏 끊임없이 부딪치고 깨지고 갈려온 체험으로부터 나온 유장한 말이다. "그토록 칭송받던 것 모두/ 미련 없이 내려놓아야 한다는 가르침"을 크게 받아들인 자각이다.
 "요 며칠 사이/ 나뭇가지가 한결 허전하다"는 것 역시 그만큼 오래 함께 살면서 바라보았다는 것을 알게 한다. 그러므로 "언제나 흐린 눈을 일깨우는/ 창 너머로 바라다보이는/ 한 그루 벚나무"는 곧 가장 가까운 '벚나무'이기도 하다. 이 시 전체에서 풍기는 것은 늘 말없이 마주 보았던 대상인 벚나무가 마치 자신의 분신이거나 스승 같아서 그 가르침이 아주 밀접하다는 것이다. 벚나무를 보면서 나를 깨우치고 깨닫는 일에 익숙해져서 지금까지 살아온 모든 세월을 안고 바라본 것이다. 계절마다 새로운 모습으로 변화하며 침묵 속에서 은연중 자연의 섭리와 생태적 반응을 통해 화자의 마음속 느낌을 주고받았다는 것을 알게 한다.
 이 벚나무를 통해 우리가 짐작할 수 있는 것이 또 하나 있다. 그것은 화자 자신이 살아온 세월을 통한 각성이 곧 벚나무처럼 독자들에게도 다가온다는 것이다. 한 그루 나무에서 오는 가르침의 경로가 시인 당사자에게서 우리에게로 오고 있음을 알 수 있다. 삶의 숱한 사연들이 인간적인 관조와 심상으로 시에 투영된 전반적인 흐름은 읽는 이에게 삶의 정서를 환기시켜 주면서 동시에 깨우침의 깊은 울림을 주기 때문이다. 마침내 한 그루 벚나무는 곧 희망을 향해 끊임없이 정진해온 화자 자신이기도 하다는 것을 말해주고 있다. 그러므로 우리는 화자와 벚나무의 풍경을 함께 공감하면서 그의 울림을 따라 시로 그려준 언어들을 대면하는 것이다.

지금까지 최상호의 시편들을 감상해 보았다. 그의 시에 빠져 거듭 읽다 보니 시간이 많이 흘렀다. 무엇보다 최상호의 시편들은 자신의 내부에서 절실히 경험된 극적인 장면들을 지니고 있다. 고독한 화자가 아니라 동시대의 애환을 함께 살면서 목격한 사랑 깊은 심경으로 벽화를 그리듯 또박또박 새겨온 경륜을 실감하게 한다. 이상적인 뜬구름을 바라본 게 아니라 실존적 현장에서 땀을 쥐고 달려온 숨결을 그대로 포착하여 그 모든 것이 꿈을 이루어가는 과정에서 드러난 삶의 가치를 한 편 한 편 갈고 다듬어낸 결실이다. 여기에 인용된 시편들은 물론 지면상 인용되지 않은 시편들 역시 하나같이 나와 타자와의 관계라기보다 관계된 사람들의 삶이 곧 나의 삶으로 그대로 인식된 경지에서 그려진 시편들이다.

최상호의 시는 바로 그의 숨결과 같다. 거리감이 없다. 그런 면에서 최상호의 이번 시편들은 자기화된 파노라마의 화면으로 밀착한 다큐멘터리적 긴장감을 지니고 있다. 어린 시절부터 순박한 동심의 시각을 잃지 않고 살아온 까닭에 삶과 인생의 모든 정황이 맑게 투영될 수밖에 없는 시혼의 깊이를 수행해 왔다는 것을 알게 한다. 그의 진솔한 심상에서 비롯된 언어의 울림들이 거리낌을 주지 않고 곧바로 빨려들게 하는 것 역시 인생을 올곧고 투철하게 살아온 내력의 반증이자 진실한 희망을 천금처럼 간직하고 살아온 뜻깊은 반영이다. 가슴을 열고 시로써 말할 수밖에 없는, 시인의 사명으로 빚어낸 시편마다 그의 심상이 살아 숨 쉬는 까닭이다.

시인 최상호 春林/ 봄숲

경주시 출생. 중앙대 교육학과 및 연세대 교육대학원에서 공부하였고 율곡중학교, 광양제철고, 환일고에서 국어과 교사로 근무, 환일중학교 및 환일고등학교 교장을 역임하였다.

1996년 『교단문학』에 황금찬 시인 추천으로 등단했으며 시집 『김춘수의 '꽃'을 가르치며』, 『그대 가슴에도 감춰진 숲이 있다』, 『고슴도치 혹은 엔두구 이야기』, 『무의도 연가』(e-book), 시선집 『마음 밭의 객토작업』 기타 공저가 있다.

울림시 동인 활동을 시작으로 우리시 한국산림문학회 한국현대시인협회 현대작가회 등의 회원이었고 현재는 중앙대문인회와 공간시낭독회, 시와함께, 그리고 이시(以詩) 동인으로 있다.

jusarang5 @ hanmail.net

최상호 시집

희망연습

초판1쇄 발행 • 2025년 4월 20일

지은이 • 최상호
펴낸이 • 이형로
펴낸곳 • 황금마루

출판등록 • 제2010-000158호
주소 • 10914 경기도 파주시 번영로 55, 116-1503
전화 • 010-5286-6308
이메일 • iplee6308@hanmail.net

값 • 12,000원
ISBN • 979-11-88021-27-7

※ 이 책의 내용은 저작권법에 의해 무단 전재 및 복제를 금합니다.
※ 인지는 저자와 협의하여 생략합니다.
※ 잘못 만들어진 책은 교환해 드립니다.